*Marca Empleador,
un imán de talento*

por
ANDRES VRANT

Este libro está diseñado para proveer información sencilla de entender relacionada con el tema cubierto. Está publicado entendiendo que los tópicos originales no entran en conflicto con asuntos legales o servicios profesionales. Esto, se rige en parte bajo principios de *Creative Commons*, si hay alguna queja póngase en contacto directamente con el autor.

©2017 por *Andrés Vrant*

Publicado por The INK Publishing,
una division de The INK Company
>1000E. Madison St. R. 118
Springfield, MO 65897
>4648 Empire Way
Greenacres, FL 33463

Originalmente Publicado como
"MARCA EMPLEADOR"

Algunos derechos están reservados. El texto de esta publicación así como cualquiera de sus partes, puede ser reproducida por solicitud al autor, de cualquier manera, manteniendo las referencias o solicitando su opinión y *"visto bueno"*.

ISBN-13: **978-1979973724**
ISBN-10: **1979973725**

DEDICADO A

…la gente que pensó en la relación que existe entre el talento y las marcas

ANDRES VRANT

CONTENIDO

.01: SENSIBILIZACION
..02: SENSIBILIZACION PARA RRHH 2.0
...03: MARCA EMPLEADOR
....04: MARCA EMPLADOR DIGITAL
.....05: COMMUNITY MANAGEMENT
......06: COMMUNITY MANAGEMENT PARA MARCA EMPLEADOR
.......07: LINKEDIN para MARCA EMPLEADOR, la plataforma y herramienta clave
........08: IMPLEMENTACION DE LINKEDIN para Marca Empleador

APENDICE: ESTUDIO DE CASO (Coca-Cola)

RECONOCIMIENTOS

Este libro no hubiera sido posible sin las ideas, motivación y apoyo de *The INK Company* y las personas cercanas al autor que estuvieron en cada fase.

INTRODUCCION
A MANERA DE PROLOGO

El centro / corazón de este libro es el EMPLOYER BRANDING pero no podría hablarse «modernamente» de este tema – tendencia si no existiera y funcionaran plataformas *tecnológicas*. La curiosidad desde mi punto de vista, es lo que nos lleva inevitablemente a la creatividad, la combinación aparentemente arbitraria de temas que podrían no tener nada que ver pone al descubierto tendencias interesantes y útiles. Nunca olvidemos que nuestros intereses pasados pueden ser el combustible que nuestro trabajo actual.

ANDRES VELASQUEZ
1 de Mayo de 2017

01
SENSIBILIZACIÓN

Objetivos: Dar una nueva perspectiva sobre la atracción de talento moderna en el canal digital e incentivar estrategias de *Marca Empleador* con herramientas como **las redes sociales**.

Contexto de lo Digital y Concepto de lo Digital: Lo digital ha evolucionado para hacernos la vida y el trabajo más fáciles, tener más tiempo para lo que es realmente importante.

¿Cómo nos afectan la tecnología de hoy y la tecnología del mañana? ¿Cómo se percibe el futuro digital?

ANDRES VRANT

02
SENSIBILIZACIÓN PARA RRHH 2.0

¿qué es la Gestión de Talento y que es Reclutamiento?

Gestión de Talento (o Recursos Humanos)

Trabajo que aporta el conjunto de los empleados o colaboradores de una organización. Pero lo más frecuente es llamar así al sistema o proceso de gestión que se ocupa de seleccionar, contratar, formar, emplear y retener al personal de la organización.

Reclutamiento

Conjunto de procedimientos utilizados con el fin de atraer a un número suficiente de candidatos idóneos para un puesto específico en una determinada organización.

¿qué es una marca y que es *branding*?

Marca
...es una mezcla de atributos tangibles e intangibles simbolizados para crear valor e influencia. ♥ (brandchannel.com)

Branding
... ...es usar las marcas para diferenciar un producto o empresa de manera atractiva, significativa y convincente. 🔊 (brandchannel.com)

¿que son las Redes Sociales?

«*medio de comunicación en internet formado por personas conectadas en línea que comparten alguna relación y mantienen intereses o actividades comunes*».

-Wikipedia

Las Redes Sociales son un medio de comunicación social que se centra en encontrar gente para relacionarse en línea. Están formadas por personas que comparten alguna relación, principalmente como amigos, contactos, seguidores o *influenciadores*, mantienen actividades en común, o están interesados en explorar los intereses y las actividades de otros.

Una parte del futuro de las redes sociales está en la automatización (especialmente de contenidos). Ponga a internet a trabajar para usted y su empresa con plataformas como IFTTT donde se activan "recetas" tipo IF TRIGGERS ("This") THEN ACTIONS ("That").

ANDRES VRANT

03
MARCA EMPLEADOR
(Comunicación)

¿qué es *Employee – Employer Value Proposition* («EVP*»)?

Es el balance de beneficios que reciben los empleados a cambio de su rendimiento y el centro o el corazón de toda estrategia de EMPLOYER BRANDING o sus tácticas en SOCIAL NETWORKS, de tal manera que no se puede hablar de reclutamiento 2.0 o marca empleador sin hablar de EVP o La propuesta de valor que hace la empresa a sus empleados prospectos o a sus empleados actuales!

¿porque se ha empezado a hablar sobre Marca Empleador?

Estamos ante lo que conocemos como ´THE FIGHT FOR BRAINPOWER´ (LA LUCHA POR LA CAPACIDAD INTELECTUAL), este/a se está poniendo cada vez más exigente y más complejo tanto para individuos como para organizaciones!

¡del Reclutamiento a la Marca Empleador!

El "**Inbound Marketing**" es la promoción de una compañía a través de blogs, *podcasts*, video, *eBooks*, *e-newsletters*, *whitepapers*, SEO, *social media communications*, y otras formas de contenido lo cual sirve para traer consumidores a que estén más cerca de las marcas, donde estos quieran estar. En contraste con esto, *buying attention*, *cold-calling*, *direct* *paper mail*, radio, comerciales de TV, volantes, *spam*, *telemarketing* y publicidad tradicional son considerados "**Outbound Marketing**". Lo *Inbound* se refiere a actividades que logran ATRAER visitantes, en lugar de IR fuera para traer prospectos o su atención, que sería *Outbound*. Mientras que lo *Outbound* se compra, lo *Inbound* se gana, se gana la atención de los consumidores, hace que la compañía sea fácil de encontrar y atrae clientes a sitio web produciendo contenido interesante. Ahora, ¿cuál sería entonces el equivalente para comparar el reclutamiento con la gestión de Marca Empleador?. Pues, <u>Recruitment</u> sería *Outbound* y el <u>Employer Branding</u> sería *Inbound*. Así de simple ☺

¡Introducción a la Marca Empleador!

El proceso de *"Employer Branding"* tiene que ver con la atracción de talento, el compromiso y las estrategias de retención desplegados para mejorar la imagen de una empresa como empleador. Así como una propuesta de marca del cliente se utiliza para definir una oferta de producto o servicio, una propuesta de valor para el empleado se utiliza para definir la oferta de empleo de una organización. Del mismo modo, las disciplinas del mercadeo y la comunicación asociados a la marca y la gestión de la marca se han aplicado cada vez más por la comunidad de recursos humanos y la gestión del talento para atraer, contratar y retener a los candidatos o empleados con talento, de la misma manera que el *branding* se aplica este tipo de herramientas para atraer y retener a los clientes, los clientes y los consumidores.

¡Origen de la Marca Empleador!

Probar la aplicación de técnicas de gestión de marca para la gestión de los recursos humanos.

El término *Employer Branding* primero fue presentado públicamente a un gremio de profesionales y gerentes en 1990, y, fué definido por *Simon Barrow*, presidente de ese gremio y de otros representantes de negocios junto con *Tim Ambler*, *Senior Fellow* de la *London Business School*, en el *Journal of Brand Management* en diciembre de 1996. Este trabajo académico fue el primer intento de una publicación orientado a probar la aplicación de técnicas de gestión de marca para la gestión de los recursos humanos. Dentro de este documento, definen la imagen de empresa como "el conjunto de beneficios funcionales, económicos y psicológicos proporcionadas por el empleo, e identificado con la empresa que emplea".

En 2003, una encuesta de imagen de empresa llevada a cabo por *The Economist* entre un panel mundial de lectores, reveló un nivel de más del 60% de la conciencia del término *Employer Branding* (Marca Empleador) entre los profesionales de recursos humanos y cerca del 40% entre los no profesionales de recursos humanos. El primer libro sobre el tema se publicó un par de años más adelante (*The Employer Brand: Bringing the Best of*

Brand Management to People at Work). Jackie Orme, el Director general del Instituto Colegiado de Administración de Personal del Reino Unido, confirmó el creciente estado de la disciplina en el discurso de apertura de una conferencia anual de la *Chartered Institute of Personnel and Development*, haciendo la observación de que en sus inicios profesionales, nadie hablaba de *Employer Branding*. Ahora, es absolutamente esencial para la estrategia del negocio «resonando mucho más allá de las puertas del departamento de recursos humanos».

¿Qué es Marca Empleador? (definición)

...la «reputación» de mi empresa como empleador.
- http://en.wikipedia.org/wiki/Employer_branding

De acuerdo con Wikipedia, una definición adaptada de MARCA EMPLEADOR denota la reputación de una organización como empleador. Aquí, se define la marca empleador como "la imagen de su organización como un gran lugar para trabajar". El marketing de empleador o *Employer Branding* es una estrategia que busca apoyar la construcción de una Marca para que sea reconocida como buen empleador, tanto para los empleados actuales como para los futuros talentos.

´*Employer Brand*´ es un término introducido para explicar la dinámica en torno a la reputación de una empresa como empleadora.

Employer Branding es la solución para que las empresas puedan comunicar y/o mejorar su imagen como empleador en el ecosistema de Internet y de esta manera atraer mejores talentos.

La gestión de marca empleador o *Employer Branding* es un direccionamiento estratégico-táctico que combina técnicas de comunicación de mercadeo aplicadas a la captura de talento, de esta manera, se busca apoyar la construcción de una marca para que se posicione, sea reconocida, recordada, apreciada y referenciada como la marca de un gran empleador o un empleador deseable; esto, aplica no solo para futuro talento sino para empleados actuales e incluso empleados pasados (*Alumni*).

¿Por qué Marca Empleador? (justificación)

«la brecha entre oferta y demanda de talento parece cada vez más grande».

El porcentaje de personas que utiliza las redes sociales para buscar empleo es cada vez más grande y esto no va a parar. Por otro lado, el porcentaje de gente que afirma haber conseguido un trabajo a través de las redes sociales
cada vez es mayor. Los portales de empleo de la generación «.*com*», los contactos personales tradicionales, los
clasificados en medios impresos, están sucumbiendo tristemente ante el poder de las redes sociales.

¿...deberían las empresas alinearse 100% con esto? / SI, YA!

Las empresas que ya utilizan las redes sociales como centro de sus estrategias de reclutamiento están cambiando significativamente resultados de reclutamiento. De los que las usan afirman que la web 2.0 complementa o en algunos casos reemplaza la búsqueda de personal tradicional. A esto se le ha llamado Reclutamiento 2.0, sin embargo hay diferencias entre ese concepto y el *Employer Branding*.

¿Para qué Marca Empleador? (aplicación)

«del outbound recruitment al inbound recruitment».

La gestión de marca empleador amplía el alcance de la intervención de marca mucho más allá de la comunicación tradicional para incorporar todos los aspectos de la experiencia laboral y los procesos de gestión de personas o sus prácticas (a menudo denominados "puntos de contacto") que dan forma a las percepciones de los empleados actuales y potenciales. En otras palabras, la gestión de marca de la empresa baja la realidad de la experiencia laboral y no la deja simplemente en su presentación. De esta manera se apoya tanto en la contratación externa de la clase correcta de talento buscado por una organización para alcanzar sus objetivos sino que se hace manifiesto el deseo de compromiso de los empleados reflejándose de manera efectiva en la retención inteligente de estos.

RECRUITMENT 2.0

Es Táctico.

El reclutamiento 2.0 es parte del Marco de Trabajo de la gestión de Marca Empleador

Se basa en campañas y en plataformas de captura de información.

EMPLOYER BRANDING

Es Estratégico.

La Gestión de Marca Empleador incluye acciones de Reclutamiento 2.0

Debe ser parte de la cultura corporativa y no se trata solo de tecnología o anuncios.

¿Cómo llegamos a esto? (modulo)

...Product Branding, Corporate Branding, Personal Branding, Employer Branding, Talent Branding: *"construir buenas prácticas de talento y comunicarlas efectiva y consistentemente"*

PRODUCT BRAND / SERVICE BRAND: Símbolos y/o Nombres que Identifican Tangibles o Intangibles

CORPORATE BRAND: Símbolos y/o Nombres que Identifican Empresas u Organizaciones

PERSONAL BRAND: Imagen Percibida de un Individuo que se usa para Promover y Aprovechar su Carrera, Estudios, Experiencia, Conocimientos, Habilidades, Aptitudes, Actitudes, Intereses, Competencias, ...

EMPLOYER BRANDING: Proceso en el que una organización posiciona su marca como un empleador atractivo.

TALENT BRANDING: Los empleados comparten sus historias de éxito personales-profesionales dentro de una empresa alineado con los objetivos de comunicación de la marca empleador.

EXPERIENCE BRANDING: *"Story-Telling"* compartido de experiencia positiva mutua marca personal-marca empleador.

Explicación diferencial entre Employer Brand & Employer Branding

Mientras que el término "Employer BRAND" significa lo que la gente actualmente asocia con una organización, "Employer BRANDING" se ha definido como la suma de los esfuerzos de la empresa para comunicarse con el personal existente y los prospectos, lo que hace que sea un lugar deseable para trabajar, y, el activo de gestión de la "imagen de una empresa, como se ve a través de los ojos de sus asociados y empleados potenciales".

¿que si es y que no es marca empleador?

¿Que NO ES?

Una campaña publicitaria.

Una solución rápida.

Una software.

Un *"Wish List"* de cómo la compañía quisiera ser percibida.

¿Que SI ES?

Una estrategia transversal y de alto nivel orientada a objetivos tácticos.

El reflejo de la cultura y los valores corporativos de una manera autentica.

Una visión a largo plazo compartida entre empleador y empleado

Disparadores de la Marca Empleador como Oportunidades

Sumar el employer branding a las organizaciones representa una oportunidad que se traduce en beneficios directos

POSICIONAMIENTO

Obtener la imagen que desea frente a sus empleados actuales y potenciales.

EFECTIVIDAD

Mejorar la cantidad y calidad de candidatos que desean formar parte de su empresa y logre un involucramiento de sus actuales empleados con la marca a un costo menor que el tradicional.

INNOVACIÓN

Generar campañas de capacitación en diversos medios y plataformas permite a la marca adueñarse de los atributos de los mismos y mostrarse frente a las personas como una empresa que considera las últimas tendencias.

Disparadores de la Marca Empleador como Ventajas

- Comunicación de Valores de la compañía.
- Lanzamiento de nueva líneas de negocio.
- Campañas de Responsabilidad Social Empresarial.
- Reposicionamiento.
- Posicionamiento entre talentos competitivos.
- Acceso a Perfiles de personas que hablan más de un idioma.
- Lanzamiento de programas de reclutamiento masivo.
- Planes de pasantías.
- Expansión de la empresa a nuevas regiones.

Disparadores de la Marca Empleador como Soluciones

- Cambios en la forma de contratación.
- Penetración de Internet crece geométricamente.
- Google es concurrido cada vez de forma más frecuente y por más personas. Facebook es la web en la que más tiempo se pasa y *Linkedin* ya es la alternativa más viable para encontrar trabajo o hacer negocios.
- Generaciones de nativos digitales ya está sobre nosotros; buscar, encontrar y retener a los mejores TALENTOS es un reto corporativo.
- Las empresas invierten en comunicación y mercadeo para sus productos pero no en su marca como empleadores.

ANDRES VRANT

FRAME-WORK DE MARCA EMPLEADOR

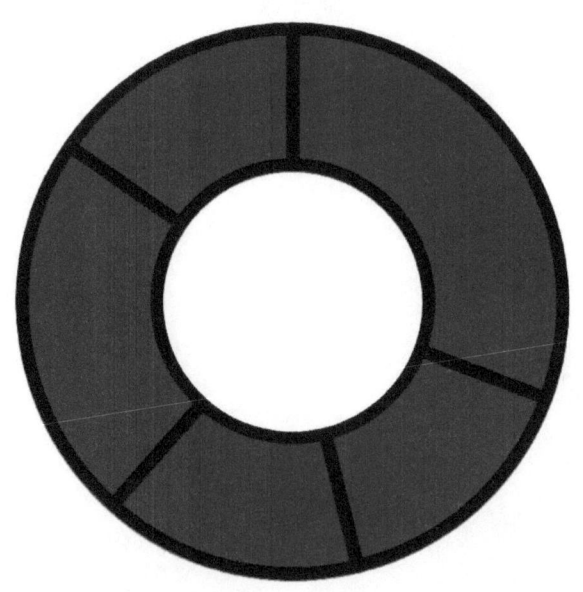

➔ **FASE 01: ENTENDER**

➔ **FASE 02: DECIDIR**

➔ **FASE 03: PLANEAR**

➔ **FASE 04: ACTUAR**

➔ **FASE 05: MEDIR**

➜ FASE 01: **ENTENDER**

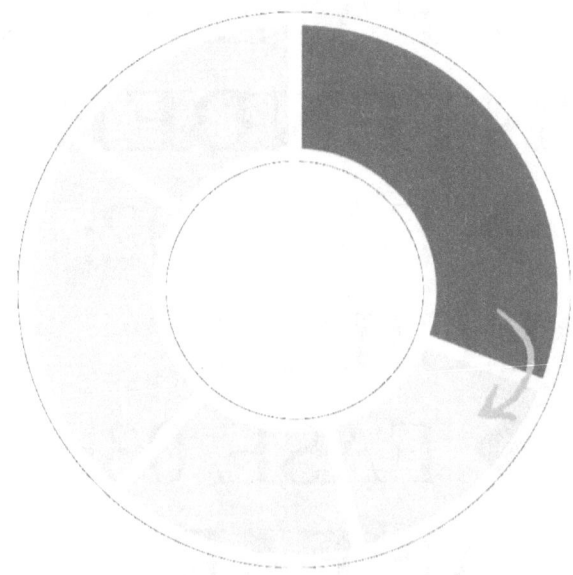

- Definir estrategia de reclutamiento y gestión de talento actual con metas & objetivos organizacionales.
- Entender la percepción actual del EPV* y la efectividad de los canales involucrados.
- Hacer Grupos Focales Internos, entrevistas con directivos y sondeos.
- Correr Análisis de Debilidades y Fortalezas.

➔ FASE 02: **DECIDIR**

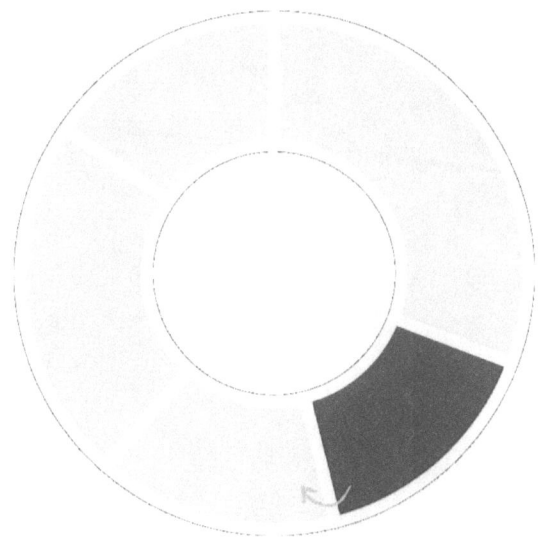

- Hacer verificación integral del EVP*
- **Desarrollar** los atributos únicos de la empresa y de la gente junto a descriptores o lemas del EPV*

→ FASE 03: **PLANEAR**

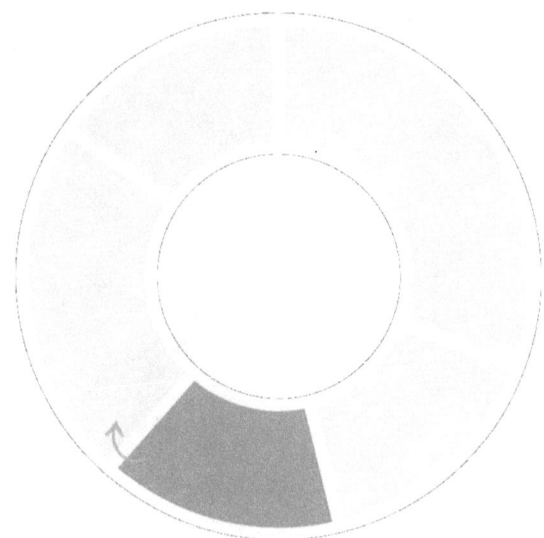

- Testear las declaraciones del EVP* entre los empleados de la empresa.
- Desarrollar un Plan de Estratégico de Comunicación de Marca Empleador basado en EVP*

→ FASE 04: **ACTUAR**

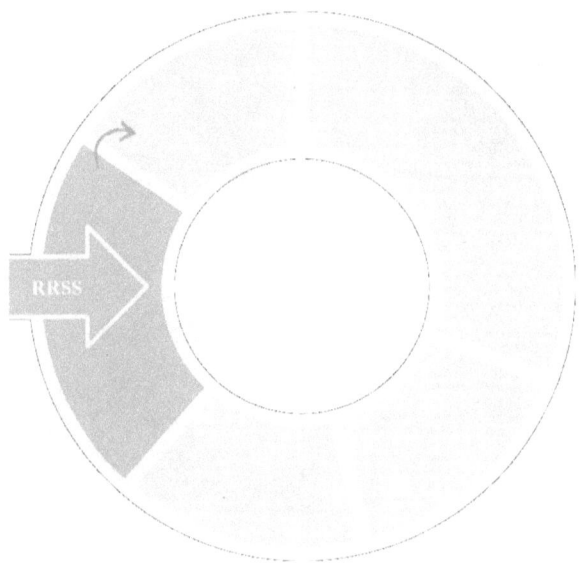

- Alineación del Proceso de EVP*
- Enganche Interno & Comunicación.
- Puesta en marcha de la comunicación externa (RRSS).

➔ FASE 05: **MEDIR**

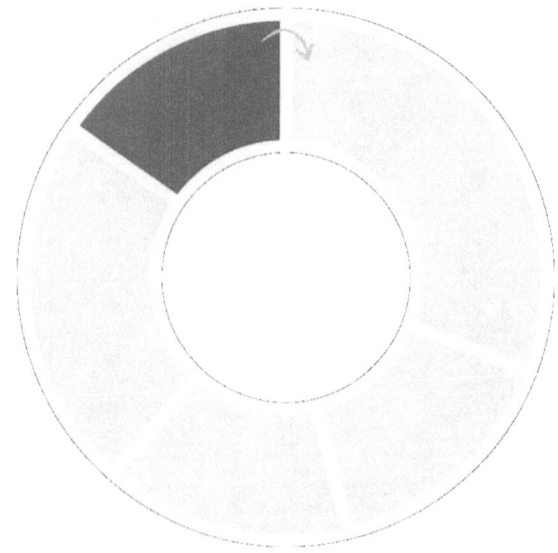

- Reporte de Estructura & Función.
- Métricas Internas & Externas.

FRAMEWORK DE MARCA EMPLADOR*
...let your Talent Brand journey begin!

*DE ACUERDO A LINKEDIN

¿Cómo hacer Marca Empleador?

El Reclutamiento tiene más que ver con el Mercadeo, la Comunicación, el Branding, la Publicidad y las Ventas de los que creemos. De alguna manera, por definición el reclutamiento es un ejercicio «Comercial» donde el objetivo no es hacer Ventas sino lograr Contratos.

También, claro, hay unos «puntos a tener en cuenta» que son, en cualquier caso, complementarios
(aporte de *Vectorial*):
- Identificar el Reto
- Definir el *Employee / Employer Value Proposition*
- Establecer Grupo Objetivo (¿A quién quiero? / ¿Dónde está?)
- Plataformas de Aplicación

Y un «Set-List»
(aporte de *Linkedin*)
1. Construir Marca | Post Jobs
2. Expandir Base de Fans | Alumni Tool
3. Amplificar Marca | Follower Ecosystem
4. Crear Experiencias Verdaderas | Targeted Search
5. Enfocarse en el Arte | Group Discussions.

Hay 6 VIAS propuestas en las cuales el *reclutamiento* puede ser DIFERENTE>

oportunidades de carrera
no descripciones laborales *

* desarrollado por **Linkedin**

reclutamiento es mercadeo
*

* desarrollado por **Linkedin**

reclutamiento es ventas

*

* desarrollado por **Linkedin**

cada empleador es un embajador

* desarrollado por **Linkedin**

aproveche todo el poder de los datos

* desarrollado por **Linkedin**

sea estratégico
*

* desarrollado por **Linkedin**

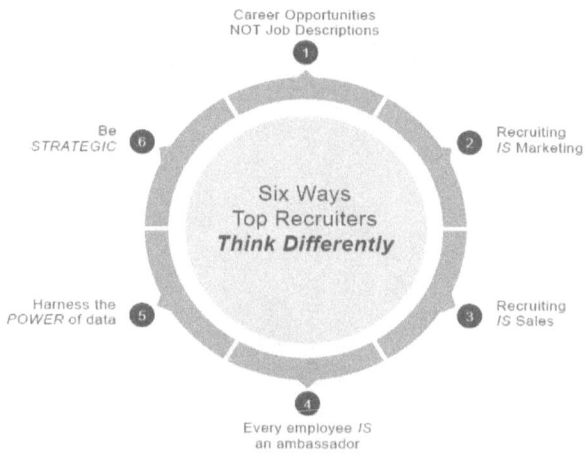

cada individuo es un hub, ... cada perfil es una oportunidad

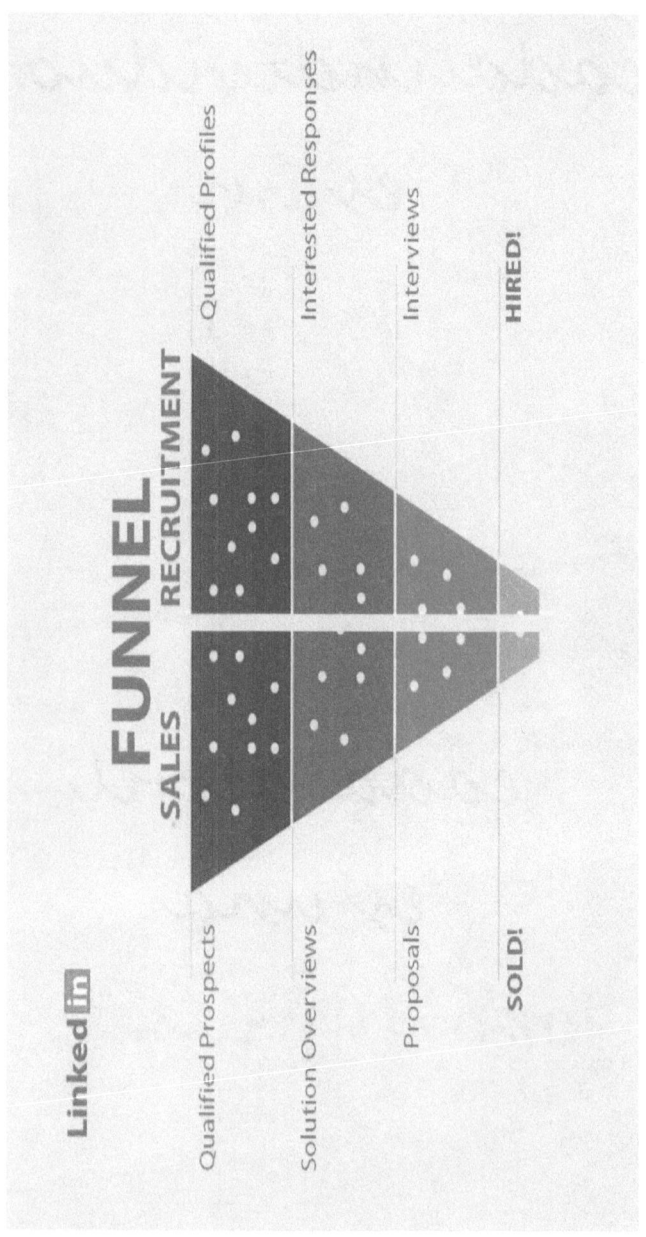

Marca Empleador

04
LA MARCA EMPLEADOR DIGITAL

¿Qué es Marca Empleador Digital?

El *Employer Branding* Digital es, como puede deducirse, implementar ideas, modelos, técnicas o estrategias de atracción de talento con los principios del *Employer Branding*, utilizando herramientas o plataformas tecnológicas que pertenecen a ecosistemas sociales digitales o apalancamiento táctico de las redes sociales.

Herramientas para Marca Empleador Digital

- *Internet*
- *Buscadores*
- *Career Pages*
- *Redes Sociales (RRSS)*
- *Linkedin Solutions*
- *Community Management (CM)*
- *Anuncios (ADs)*

ANDRES VRANT

¿cómo hacer Marca Empleador Digital?

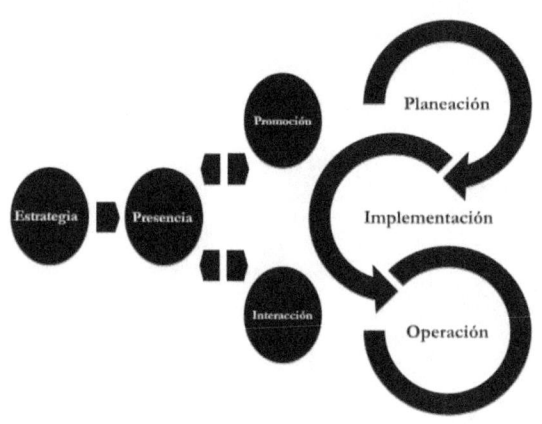

…y, ¿en dónde queda la "Marca Talento"?
(la evolución del lenguaje)

la belleza de la marca talento es que no necesitas que todo el mundo conozca tu nombre, solo la gente correcta

El término «marca empleador» ha estado alrededor por un tiempo, pero las redes sociales han cambiado radicalmente el juego. Su «marca empleador» era el mensajería que ponías en el mercado y se renovaba periódicamente. Hoy los mensajes son digeridos y amplificados -o cuestionados en voz alta- en tiempo real basado en las experiencias de la gente con su empresa.

El TALENT BRANDING («marca de talento») llega como la versión altamente social, totalmente pública de su imagen de empresa que incorpora lo que su talento –pasado, presente y potencial– piensa, siente y comparte acerca de su empresa como lugar para trabajar.

…los mejores sitios de empleos corporativos de hoy en día cuentan con empleados que comparten lo que es trabajar allí. Para entender mejor el lado más oscuro de su «*Talent Brand*», eche un vistazo a los blogs y comunidades online en las que no controla el mensaje.

- Linkedin Talent Solutions; Employer Branding Playbook

¿los Motores de Búsqueda sirven para reclutar?

Los Motores de Búsqueda son un recurso más del ecosistema digital, pero, en sí mismos o por si solos, no son ideales o efectivos para búsqueda de talento aunque tal vez si para hacer posicionamiento de marca empleador a través de anuncios enfocados en reclutamiento. Probablemente, la vía más segura es que los motores de búsqueda externos a las redes sociales que funcionan en plataformas generalistas como Google o especialistas como *Slideshare*, permitan la indexación automática – inmediata de palabras claves o medios enriquecidos que se ponen en sitios como *Linkedin* y que estos cumplan los criterios mínimos para ganar relevancia en las búsquedas o subir en los *ranqueos*.

-Andrés Velásquez, 2014

Marca Empleador

05
COMMUNITY MANAGEMENT

Online *Community Management*

«construir, crecer y gestionar comunidades en línea en torno a una marca (o causa)»

-Wikipedia

´ONLINE COMMUNITY MANAGEMENT´ (esp. ind. *dinamizador de comunidades digitales*) es una profesión creciente y en desarrollo, donde el rol de sus responsables es Construir – Crecer – Administrar comunidades en internet y más recientemente en redes sociales usualmente en torno a una empresa o negocio, marca o producto, causa o proyecto.

¿Cuál es el rol del *Community Manager*?

- ✓ **Curar o Crear** "Contenido"
- ✓ **Gestionar Relaciones** ("Conversaciones")
- ✓ **Administrar Procesos Colaborativos** ("*Community*")
- ✓ **Redes** o "Conexiones"

Marca Empleador

06
GESTION DE COMUNIDADES PARA MARCA EMPLEADOR

hacer visible a la empresa de tal manera que atraiga el mejor talento

¿Cuál es el rol del *Community Manager* en el Reclutamiento?

Curar o Crear "Contenido" relacionado con la compañía y con los procesos de atracción de talento, como tutoriales de entrevistas, infografías sobre estadísticas laborales, videos testimoniales de empleados de la compañía, piezas publicitarias, guías para planes de carrera, playbooks sobre marca personal, ebooks sobre temáticas que ayuden a construir competencias que la compañía busca, etc.

Gestionar Relaciones ("Conversaciones") significa escuchar lo que la gente está diciendo sobre la empresa, participar de foros, grupos o discusiones en páginas; engancharse con lo que se publica (*Likes, Comments, Shares*) y aprovechar para monitorear menciones negativas y responder inteligentemente a estas así como con regularidad programada postear, *repostear* o escribir beneficios sobre vincularse a la compañía que se representa y hacerlo como un embajador y no como un evangelista desesperado por atención o por reclutar.

Administrar Procesos Colaborativos ("Community") moderar grupos de interés o grupos de trabajo en espacios digitales y, cuando sea requerido, coordinar adeptos, FANS, FOLLOWERS, FRIENDS, enganchar y motivar inFLUENCERS, contactos etc.

Construir Redes o "Conexiones", aunque de alguna forma suena similar a lo anterior, esto se enfoca no en la interacción con la red sino en el crecimiento - desarrollo de la misma red, y, la red es o debe ser el grupo objetivo primario o secundario en los esfuerzos de posicionamiento de marca empleador, dirección de campañas de reconocimiento o reclutamiento en sí mismo.

El *Community Manager*, Roles por Nichos – Roles por Plataformas

¿qué perfiles encontraríamos en Facebook?
¿qué perfiles encontraríamos en Linkedin?
¿qué perfiles encontraríamos en Twitter?
¿a quién reclutaríamos en Google+
¿a quién reclutaríamos en Pinterest?
¿reclutaríamos a alguien en Instagram?
¿reclutaríamos a alguien en Soundcloud?
¿reclutaríamos a alguien en Slideshare?
¿reclutaríamos a alguien en Youtube?
¿usted reclutaría a alguien via o Whatsapp?

...a manera de ejemplo / ejercicio

Si bien se necesitan estudios (especializados) geográficos, demográficos, *psicográficos*, sociales, culturales, económicos para la gestión estratégica – táctica de los nativos digitales de cada red social como grupo objetivos, hay definitivamente unos perfiles que probablemente SI se encuentran y otros que definitivamente NO se encuentran en determinadas redes sociales.

-
-
-

INSTAGRAM
SI: Fotógrafos, Arquitectos
NO: Secretarias

SOUNDCLOUD
SI: Músicos
NO: Coaches / Consultants

SLIDESHARE
SI: Conferencistas, Talleristas
NO: Médicos

YOUTUBE
SI: Profesores, Artistas
NO: Gerentes

.
.
.

FACEBOOK
SI: Estudiantes,
NO: Jubilados

TWITTER
SI: Periodistas, Comunicadores
NO: Diseñadores

LINKEDIN
SI: Ingenieros / Economistas
NO: Técnicos

GOOGLE+
SI: Investigadores, Científicos (Hombres)
NO: Abogados

PINTEREST
SI: Publicistas, Diseñadores (Mujeres)
NO: Financieros

Marca Empleador

07
LINKEDIN para MARCA EMPLEADOR,
la plataforma y herramienta clave

¿Porque integrar Linkedin sobre otras plataformas?

Linkedin tal vez no fue pensado originalmente para todo lo que está ofreciendo actualmente o lo que va a ofrecer a futuro pero queda poco espacio de duda para pensar o saber que es la red social de los negocios o de lo relativo a estos. Pero, por otro lado, está creciendo continuamente desde 2003, hay miembros cada segundo, mucho más que cualquier otra red social. **Esta plataforma** tiene gente con formación profesional, por otra parte, también, mucho más del 50% de los pequeños negocios ya consideran o planean incrementar su uso como herramienta; su extensión hacia la gestión de marcas, la gestión de talento y el impulso a las ventas ya no es un secreto, está ocurriendo a diario con soluciones libres y otras *customizadas*.

¿Quiénes usan y como usan Linkedin?

Todavía no está claro porqué, pero **Linkedin** es frecuentado más por hombres que por mujeres, aunque es seguro que esto puede equipararse en el futuro o, incluso, las mujeres se apoderaran de *Linkedin* sobre los hombres. Las personas que usan *Linkedin* están en el rango de los 25 a los 50 años en su mayoría, y, estos, tienen títulos profesionales o de especialización (+/- 80%). Aunque se espera que cambie, la mayor parte porcentual de usuarios están en Norteamérica y Europa Occidental, el futuro de *Linkedin* parece promisorio en Suramérica y Europa Oriental, así como en Asia o África.

Los ejecutivos de grandes compañías (compañías de más de 1000 empleados) y managers de compañías de tecnología, son los que más están usando *Linkedin*. Es irónico sin embargo que la gente de Áreas de Talento o Mercadeo sean los que usan poco *Linkedin* en comparación con aquellos de áreas como Operaciones o Ventas. Más del 50% de las personas que están en *Linkedin* se reparten entre usuarios con perfiles *Senior* y *Junior*. Por otra parte, los Propietarios, los Emprendedores, los Gerentes y los Directores combinados no alcanzan el 25% de los usuarios.

Marca Empleador

¿qué es y que no es linkedin?

*No es una Hoja de Vida
Es una Red de Profesionales*

QUE <u>NO</u> ES LINKEDIN

UN SITIO DE CITAS O «ENCUENTROS».

UN «CURRICULUM VITAE» EN INTERNET.

UN «CATALOGO DE PRODUCTOS» EN LINEA.

UN PORTAL DE BUSQUEDA DE EMPLEO.

UNA PAGINA DEDICADA AL «E-COMMERCE».

UN ESPACIO PARA JUGAR O PERDER EL TIEMPO.

FUENTE:
http://www.linkedin.com/static?key=what_is_linkedin //
http://en.wikipedia.org/wiki/LinkedIn

QUE SI ES LINKEDIN

UN ESPACIO PARA CONECTAR, BUSCAR Y ENCONTRAR

Construir su identidad en línea y mantenerse en contacto con colegas y compañeros.

UNA PLATAFORMA PARA EMPODERAR CARRERAS

Descubrir oportunidades profesionales, oportunidades de negocios y nuevos proyectos.

UN SITIO PARA APRENDER Y COMPARTIR

Recibir noticias, inspiración y conocimiento que necesita para ser grande en lo que hace.

¿para qué es Linkedin y cómo funciona?

LINKEDIN (en su nicho corporativo> *Post a Job*, *Talent Solutions*, *Advertise*, *Sales Solutions*), es para facilitar a organizaciones & personas de negocios en distintos enfoques, soluciones para responder a distintas necesidades de reclutamiento y/o ventas, posicionamiento y/o reconocimiento de marca; estas soluciones son a su vez para **Linkedin**, unidades de negocio. LINKEDIN funciona con tres divisiones de negocio que están conectadas pero separadas de todas las funcionalidades propias derivadas de los perfiles...

0. SUSCRIPCIONES PREMIUM
LinkedIn Premium, LinkedIn for Recruiter, LinkedIn for Job Seekers, LinkedIn for Sales People

1. SOLUCIONES TALENTO
Empresas y Reclutadores pagan a *Linkedin* para tener una página corporativa con sus criterios de marca en y con una sección de carreras, así como anuncios de ofertas de trabajo que están dirigidos a usuarios de *LinkedIn* que coincidan con el perfil del puesto; se da acceso a la base de datos de usuarios y de hojas de vida de usuarios de *LinkedIn*.

2. SOLUCIONES DE MERCADEO
Empresas y Vendedores adquieren vía *LinkedIn* anuncios de pago-por clic- orientados a targets específicos.

El diseño limpio + dinámico de un perfil de

LinkedIn es parte de un esfuerzo consciente para poner un toque de negocios a los sitios de redes sociales, el sitio está pensado para presentar a las personas en "una manera profesional en Internet". Las conexiones en *LinkedIn* implican más que relaciones casuales; se recomienda que todos los contactos deben ser vistos como posibles referencias profesionales o personales, una vez que alguien se convierte en conexión, tendrán acceso a todas sus otras conexiones.

Los Grandes beneficios que tiene Linkedin

ENCONTRAR – GESTIONAR – ENGANCHAR

- CONSTRUCCION DE REDES
- GENERACION DE PROSPECTOS
- RECLUTAMIENTO ESTRATEGICO
- SATISFACCION DE CLIENTES

Linkedin y el Mundo después de... (los Reclutadores Tradicionales)

Hago la misma pregunta varias veces: ¿Cómo es que empresas o personas «sobrevivimos» con recursos tan decepcionantes como formatos predeterminados de hojas de vida, anuncios estáticos en periódicos locales, portales de empleo que solo le ayudan a las empresas y no a las personas o reclutadores de mente cerrada e inflexibles?. Las redes sociales cambiaron ese panorama, ¡para siempre!

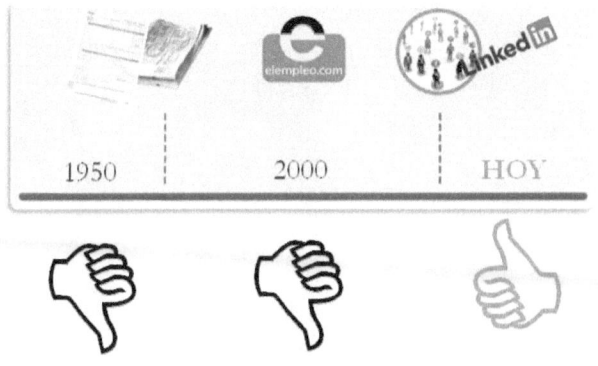

ANDRES VRANT

08
IMPLEMENTACION DE LINKEDIN
para Marca Empleador

ANDRES VRANT

FACTOR
«F»

friends
fans
followers

su empresa tiene 7 PASOS para empezar en Linkedin

- Incluya a todos los Empleados en Linkedin
- Incentive Empleados a crecer su red en Linkedin
- Cree una Página de Empresa
- Gane «Amigos», Contactos, «Seguidores», Entusiastas
- Use Palabras Claves y Medios Enriquecidos
- COMUNIQUEN lo que hacen (*Status Updates*)
- Publique Contenido Atractivo – Claro - Útil

Funciones y Productos de Linkedin para TALENTO 2.0

ABIERTAS / LIBRES / GRATUITAS
MIXTAS
PAGADAS

→
→
→

Marca Empleador

Advanced People Search

Search people

People
Jobs

Keywords

First Name

Last Name

Title

Company

School

Location
Located in or near

Country
Colombia

Search   Reset

Relationship
- ☑ 1st Connections
- ☑ 2nd Connections
- ☑ Group Members
- ☐ 3rd + Everyone Else

Location

Current Company

Industry

Past Company

School

Profile Language

Nonprofit Interests

Groups
- ☐ AAI - AESEC Alumni International
- ☐ AAIB AESEC Alumni Iberoamerica
- ☐ AESEC
- ☐ AESEC Alumni Global

- Years of Experience
- Function
- Seniority Level
- Interested In
- Company Size
- Fortune
- When Joined

Reset   Close

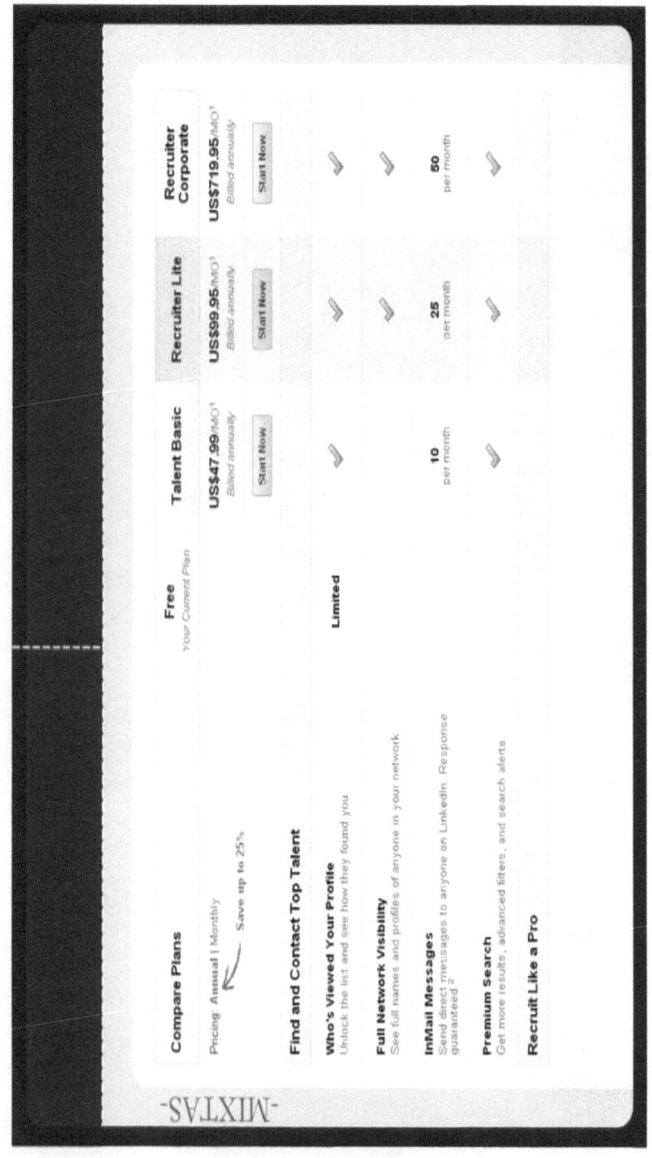

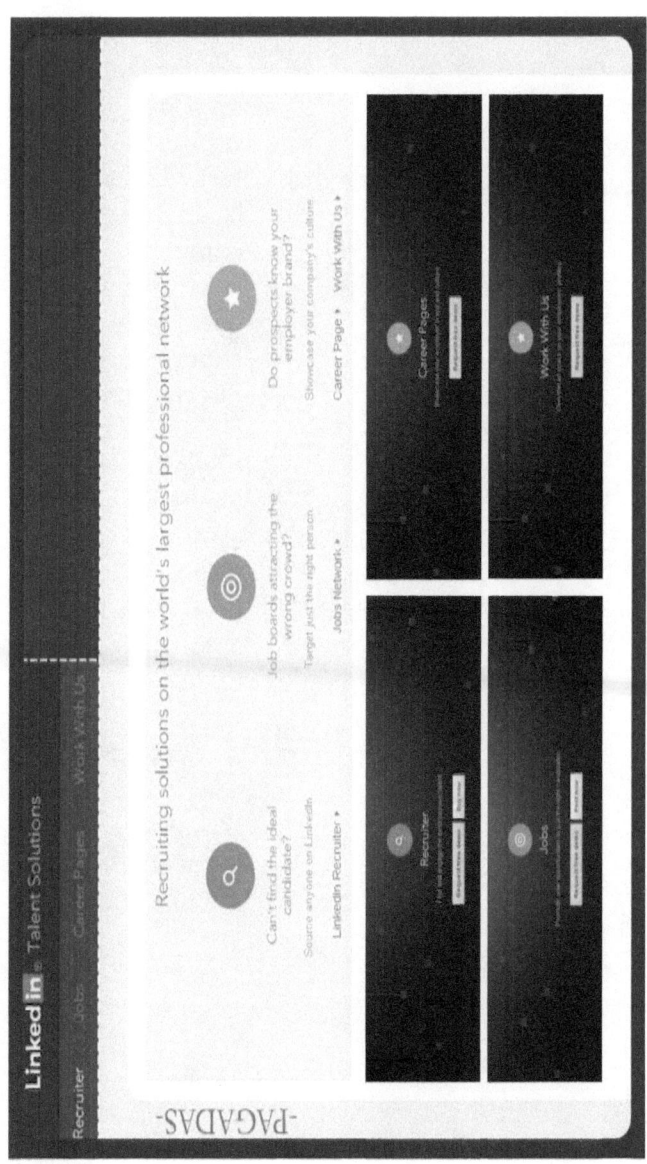

Linkedin tiene una gama inimaginable de productos y opciones que apoyan no solo el reclutamiento sino la marca empleador. Por un lado está todo lo que por conexiones directas mecánicas o secundarias orgánicas se puede lograr a través del algoritmo de la plataforma que hace sugerencias automáticas básicas.

Linkedin por otra parte está la búsqueda avanzada, que es gratuita para buscar con criterios como Conexiones de 1r. y 2°. Grado, Miembros de Grupos, Locación Geográfica,

Empresa Actual, Empresa Pasada, Industria, Escuela (Universidades), Idioma del Perfil, Intereses de Voluntariado; o, a través de campos de texto para Palabras Claves, Nombre, Apellido, Posición, Empresa, Escuela (Universidad), País, etc.

Además, dan una opción conocida como «BUSINESS SOLUTIONS UPGRADE» donde una sección está dedicada exclusivamente a reclutadores con necesidades muy específicas de reclutamiento desde la plataforma de **Linkedin**.

Adicionalmente, **Linkedin** ya visto como alternativa corporativa formal a gran escala, esta TALENT SOLUTIONS, opciones pagadas que despliegan más opciones y más campos o que abren otras posibilidades; como el producto «RECRUITER» para encontrar y enganchar el mejor talento pasivo, el producto «JOBS» para promover sus oportunidades solo entre los candidatos correctos, el producto «CAREER PAGE» que es una vitrina para su marca empleador y su cultura organizacional, el producto «WORK WITH US» que permite ser el dueño del espacio en los perfiles de sus empleados.

¿Cómo las Marcas Personales en Linkedin apalancan la Marca Empleador?

Las carreras de las personas como «productos». La «reputación» de mi empresa como empleador.

Desde cierto punto de vista, al menos desde la generación de las redes sociales, nunca se había hecho tan claro que las marcas personales fueran un factor clave en las iniciativas de marca empleador. Partamos de dos comparaciones, una teórica y otra práctica. Así, teóricamente lo que se conoce como EVP (*Employee / Employer Value Proposition*) debe estar alineado tanto del lado personal como desde el lado organizacional, ahora, prácticamente, ambos escenarios de PROPUESTA DE VALOR pueden estar enmarcados tanto en un *Canvas* de Negocios como en un *Canvas* Personal.

Pero lo interesante es que por primera vez en muchos años, a las empresas les interesa o les debería interesar el desarrollo de las marcas personales de sus empleados pues estos son canales de comunicación y factores de posicionamiento de la marca empleador. Por consiguiente, entre mayor es el número de empleados alineados con principios de marca personal asociadas a una marca empleador, más robusta va a ser la marca empleador.

REVISEMOS

la Anatomía de un Perfil de Linkedin

+

la Estructura de un Anuncio en Linkedin

En la Anatomía de un Perfil de *Linkedin* comienza la gestión de marca personal, tiene todos los elementos iniciales primarios de comunicación más importante para empezar a hacer *networking*. Como todos los espacios modernos de internet, también los perfiles usan como gasolina lo que se conocen como KEY WORDS (Palabras Claves = Textos) y ya, en muchos otros casos RICH MEDIA (Medios Enriquecidos = Imágenes). Con estos, los perfiles se hacen fáciles de encontrar, atractivos y dinámicos, pero, respecto a la conexión de esto como parte del ecosistema de marca empleador, observen -en la imagen de abajo- como información incluida como parte de la comunicación de marca personal incide positivamente en el proceso de posicionamiento de marca empleador.

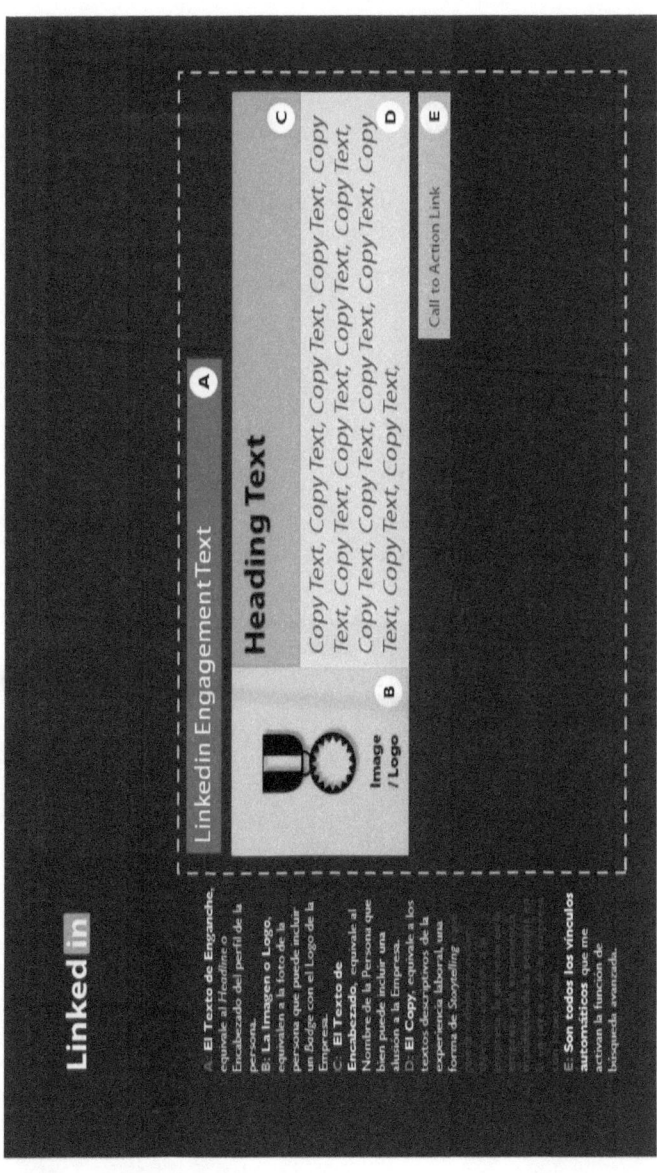

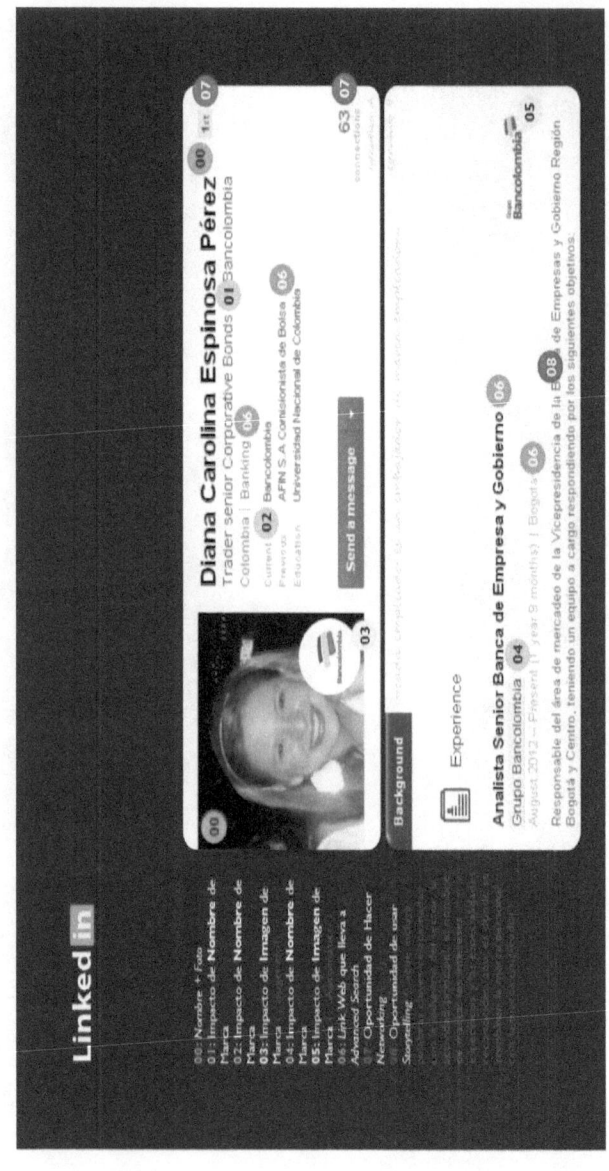

No se trata de hacer énfasis en lo obvio pero hay momentos donde puede ser didáctico o pedagógicamente útil. La imagen de abajo muestra la estructura básica – estándar de un anuncio en *Linkedin* y muestra algunos elementos tradicionales de los anuncios genéricos en internet. Si nos remitimos a la anatomía del perfil de un individuo en *Linkedin* vamos a ver semejanzas y en algunos casos, coincidencias que sustentan el hecho de que las marcas personales apalancan las marcas empleador.

Convertir Empleados en Embajadores de *Talent Branding* en Linkedin

#1 Enfóquese en Enganchar* a los Empleados

#2 Eduque a los Empleados

#3 Entusiásmelos a Compartir y Contar

#4 Mida / Monitoree Iniciativas*

Marca Empleador

ANDRES VRANT

APENDICE

ESTUDIO DE CASO
(Coca-Cola)

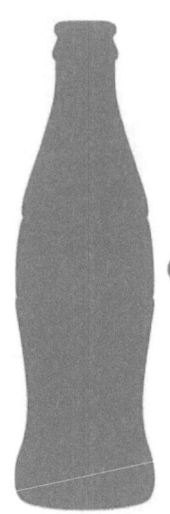

open happiness™

¿Reclutamiento 2.0?
¿Employer Branding?

The Coca-Cola Company es una corporación multinacional dedicada a la elaboración de bebidas. Con sede en Atlanta, el principal producto es el refresco más consumido del mundo: la Coca-Cola. Además, está considerada como una de las mayores corporaciones de *américa*.

ANDRES VRANT

Coca-Cola
Iconos de "*Live Positively*"

Coca-Cola
Visión 2020 *"attract, engage and retain the best talent"*

PEOPLE	Be a great place to work.	Attract, engage and retain the best talent: • Increase people's system knowledge and cross-system movement. • Inspire our people to be passionate ambassadors for our brands. • Recruit, develop and advance women and achieve true diversity.	• Engagement • Employer of choice • Workplace rights • Diversity • Retention

Coca-Cola Employer Branding Guidelines "*ideas + Coca-Cola = evp*"

No hay una fórmula única; lo que define a la gente de *Coca-Cola*, es la capacidad de convertir su PASIÓN en acción. Es como ellos impulsan las marcas más grandiosas del mundo a nuevas alturas. ¿Cuál es su fórmula secreta?

«*Employer Value Proposition*» (EVP) o, como nuestros ejecutivos deben comunicarse con las personas que quieren trabajar o que trabajan para *Coca-Cola*.

Coca-Cola "Job Summary Templates"

Coca-Cola
"Online Formats Drafts"

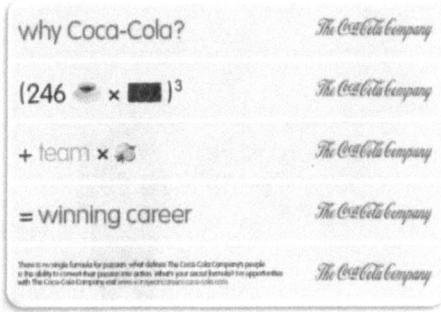

ANDRES VRANT

Coca-Cola
"Web Site Samples"

PAG. 102

Coca-Cola "Executive Professional Profile (Regular Sample)" en Linkedin

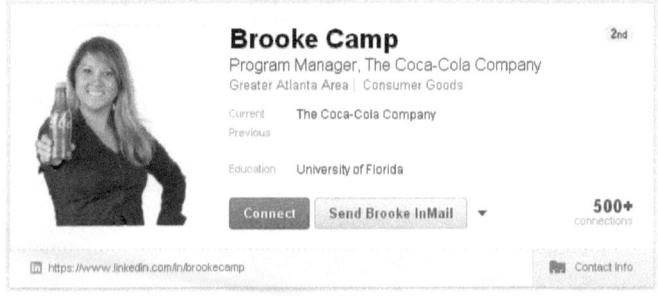

Coca-Cola
"Executive Professional Profile (Premium Sample)" en Linkedin

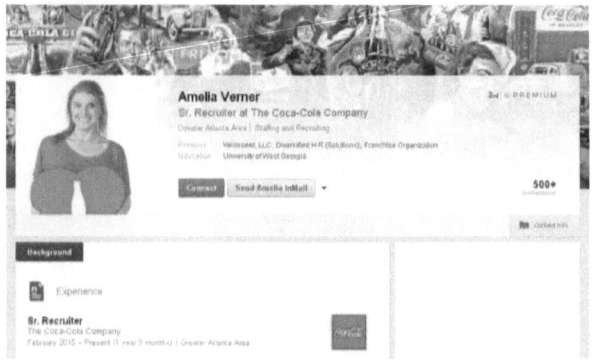

Coca-Cola
"Applying for a Job in Coca-Cola" con Linkedin

ANDRES VRANT

Coca-Cola
"Key Words Seach Results" en Linkedin

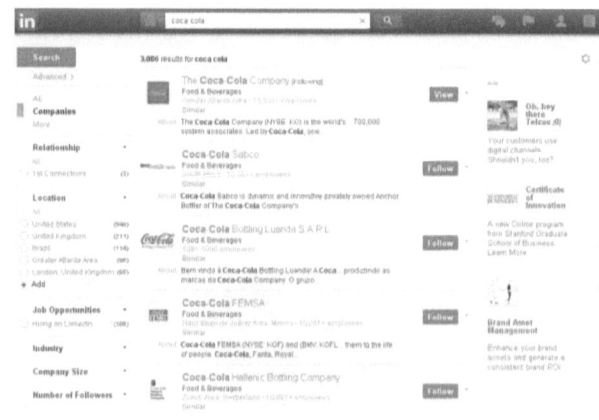

Marca Empleador

Coca-Cola
"Company Page" en Linkedin

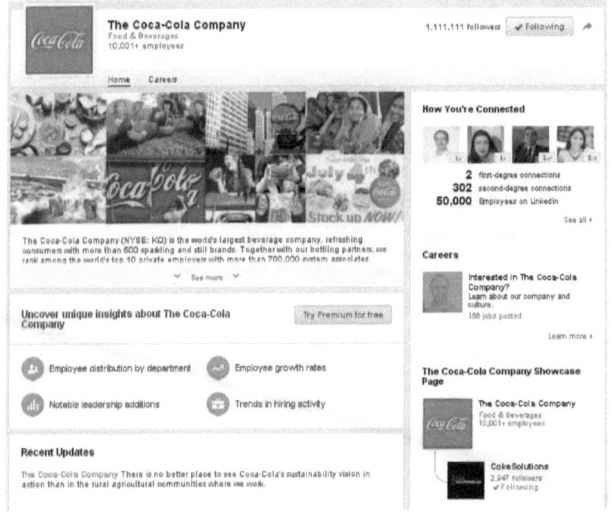

Coca-Cola "Ad Sample at Career Page" en Linkedin

Ad

Keep up with interesting, relevant updates

ANDRES, Get the latest on **Coca-Cola** News, Jobs, and More!

Visit Careers

Coca-Cola
"Ad Sample at Employee Profile" en Linkedin

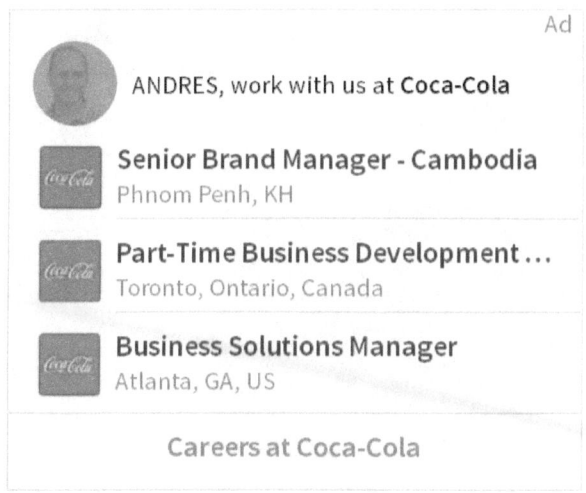

Coca-Cola
"Career Page" en Linkedin

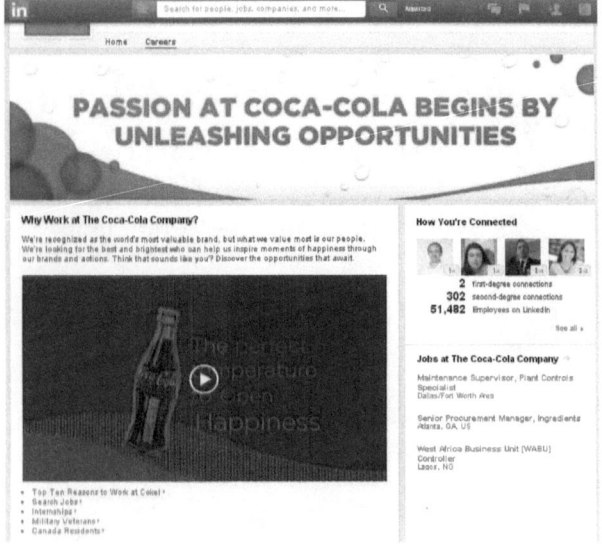

Marca Empleador

Coca-Cola "Job Listing" en Linkedin

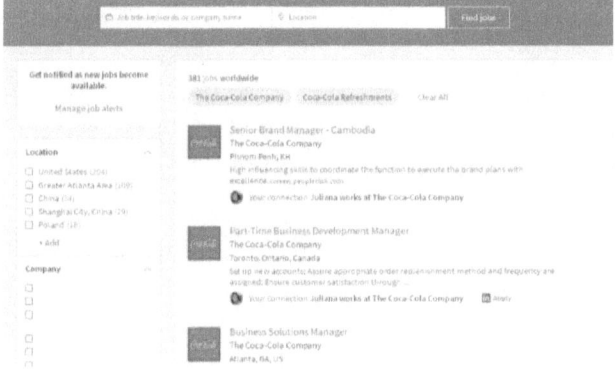

Coca-Cola "Job Description" en Linkedin

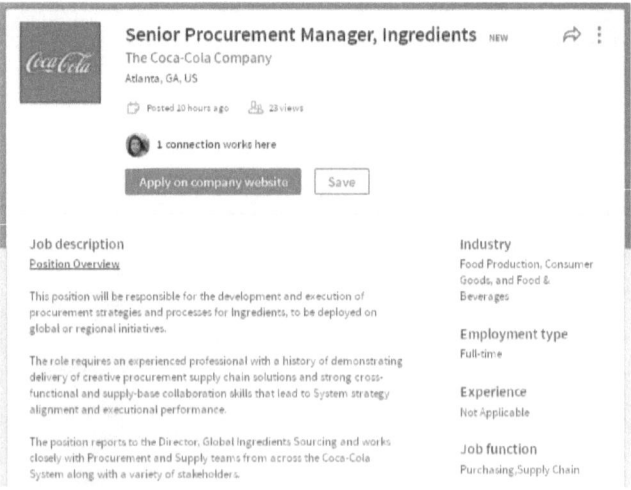

Marca Empleador

Coca-Cola "Apply on Website Link" desde Linkedin

Coca-Cola "Recruitment / Motivational Visual" para Linkedin (o Facebook)

Coca-Cola
"Recruitment Copy + Visual" para Linkedin

The Coca-Cola Company "If I'd stayed until my 18th birthday, I'd have automatically been enrolled into the army... which would have meant kill or be killed," says Ihab Sukkariya, who fled Syria alone in July 2015, and – after more than a month of traveling and multiple stops along the way – arrived in Berlin two weeks before his 18th birthday. Through the refugee center where he was staying, he met a Coca-Cola employee who arranged a student internship for him. Read more of Ihab's inspiring story here.

Syrian Refugee Starts Vocational Training With Coca-Cola Germany

coca-colacompany.com · Ihab Sukkariya fled Damascus on his own at age 17. Now, a little over a year later, he's working at Coca-Cola in Berlin as part of a work-study program in business administration.

Like (339) · Comment (10) · Share · 27 days ago

Coca-Cola
"Recruitment / Informative Linkedin Visual" para Linkedin

Coca-Cola No. 3 on Most Valuable Brands Ranking
coca-colacompany.com · Coca-Cola has retained the No. 3 spot on Interbrand's annual Best Global Brands ranking for the fourth consecutive year, with an estimated value of $73.1 billion. Product and packaging innovations play a big role in that value.

Marca Empleador

THE WORLD'S MOST ATTRACTIVE EMPLOYERS 2013

We asked 200,000 students from around the world to nominate their ideal employers. Here are the top choices:

GLOBAL TOP 50
World's Most Attractive Employers
2013

Rank	BUSINESS RANKING	ENGINEERING RANKING
01	Google	Google
08	KPMG	SIEMENS
09	Coca-Cola	SONY
10	P&G	Shell
11	J.P.Morgan	P&G
12	McKinsey&Company	Volkswagen
13	Morgan Stanley	Johnson & Johnson
14	BMW GROUP	Exxon Mobil
15	L'ORÉAL	Coca-Cola
16	BCG	CISCO

PAG. 117

CONCLUSION A MANERA DE EPILOGO

La *Marca Empleador* «moderna» no puede ser realmente efectiva sin las Redes Sociales las cuales son claves para lograr objetivos de ese enfoque en la gestión de marcas y de talento. Todavía queda mucho por indagar, descubrir, escribir y compartir en torno a esto, como Marco Estratégico y para las *plataformas / herramientas* Tácticas.

Marca Empleador

REFERENCIAS

- www.wikipedia.org

- www.linkedin.com

- Simon Barrow and Richard Mosley, 2005. The Employer Brand: Bringing the Best of Brand Management to People at Work. John Wiley & Sons, England.

- Reid Hoffman and Ben Casnocha, 2012. The Start Up of You: Adapt to the Future, Invest in Yourself, and Transform Your Career. Random House. United States.

ACERCA DEL AUTOR

Andrés Vrant, latinoamericano, Titulado en Psicología de una Universidad Jesuita donde se concentró en Ciencia Cognitiva; después de esto, consiguió su Maestría en Publicidad de una Universidad Europea concentrándose en Persuasión Humana. Fue becario del Departamento de Estado de US para un *Fellowship* en Investigación e Innovación de la Universidad Estatal de Missouri en misión para la Cámara de Comercio de la ciudad de Springfield, también está Diplomado en Comunicación de Mercadeo del *Dale Carnegie Institute*. A través de *The INK Company* y *The LID Corporation* se proveen soluciones de acompañamiento o asesoramiento en adopción e implementación de redes sociales donde una de las aplicaciones y líneas de negocio, toca la gestión de talento en ese escenario. Andrés ha capitalizado experiencia y experticia en *branding* y *headhunting* desde el año 2003.

ANDRES VRANT

CONTACTO / CONEXION
www.linkedin.com/in/andresvelasquez

Copyright © 2017 Andres Vrant

Algunos de los Derechos son Reservados

ISBN-13: **978-1979973724**
ISBN-10: **1979973725**

Employer Branding

Marca Empleador, un imán de talento

por
ANDRES VRANT

www.ingramcontent.com/pod-product-compliance
Lightning Source LLC
Chambersburg PA
CBHW020432220526
45464CB00002B/677